Karl Rahner

Der Priester von heute

Mit einem Geleitwort von
Karl Kardinal Lehmann

herausgegeben von
Andreas R. Batlogg und Albert Raffelt

W0192669

HERDER

FREIBURG · BASEL · WIEN

© Verlag Herder GmbH, Freiburg im Breisgau 2009
Alle Rechte vorbehalten
www.herder.de
Einband: Finken & Bumiller, Stuttgart
Satz: Satzweise Föhren
Herstellung: fgb · freiburger graphische betriebe
www.fgb.de
Gedruckt auf umweltfreundlichem,
chlorfrei gebleichtem Papier
Printed in Germany
ISBN 978-3-451-32289-1

Inhalt

Geleitwort

Unmittelbar vor seinem Aufbruch zu seinem ersten Pastoralbesuch auf dem afrikanischen Kontinent in Kamerun und Angola kündigte Papst Benedikt XVI. bei einer Audienz für die Vollversammlung der vatikanischen Kongregation für den Klerus ein „Jahr der Priester" an, das vom 19. Juni 2009, dem Welttag der Heiligung der Priester, bis zum 19. Juni 2010 dauert. Der Heilige Vater möchte damit zur Erneuerung der priesterlichen Sendung beitragen. Wir brauchen „Priester aus Passion" (Franz Kamphaus) in der Kirche.

Meine beiden Kollegen im Herausgebergremium der „Sämtlichen Werke", P. Dr. Andreas R. Batlogg SJ und Prof. Dr. Albert Raffelt, haben aus diesem Anlaß einen Text der Öffentlichkeit gesondert zugänglich gemacht, der Karl Rahners erstmals 1970 erschienenem Buch „Einübung priesterlicher Existenz" entstammt – ein ungemein moderner, ja „zeitloser" Text, den Karl Rahner ursprünglich im Rahmen eines Exerzitienkurses (1961) vortrug. Man staunt, wie aufbauend er hier spricht bzw. schreibt. Der Seelsorger und geistliche Begleiter scheint unverkennbar durch. Ignatianische Exerzitien leiten zu realistischer Analyse des Faktischen an, zeigen aber auch Perspektiven auf. Sie spiegeln keine „heile Welt" vor, aber sie wollen und können heilen helfen.

„Der Priester von heute", heißt es im dritten Abschnitt dieser Meditation, „muß in einem weiteren Sinn irgendwie gebildet sein, ohne deswegen den Allerweltsfachmann mimen zu wollen." Der Priester – ein Faktotum? Das kann nur überfordern. Entsprechende Gefahren und damit verbundene Versuchungen hat Karl Rahner schon damals klar benannt. Sie sind heute nicht geringer geworden in einer Welt, die auch den Priestern ständig mehr Professionalisierung abverlangt. Inzwischen macht bereits das Wort von der „Professionalisierungsfalle" die Runde. Manchmal löst sie gravierende Identitätskrisen bei Priestern aus: „Perfektion als Lebensziel führt zu neuen Gefährdungen und erzeugt Druck, an dem man zerbrechen kann. Statt perfekte braucht es authentische Priester."[1]

In einer Primizpredigt habe ich vor über dreißig Jahren festgestellt: „Hingabe des Lebens für die anderen macht den Hirten aus."[2] Diese Hingabe war bei dem Ordenspriester Karl Rahner spürbar. Der „Professor" hat den Priester und Jesuitenpater nie verdrängt. In einem Ende Februar 1982 im Paderborner Sonntagsblatt „Der Dom" veröffentlichten Interview meinte er von sich: „Wenn Sie mich fragen, welche Laudatio mir die liebste ist, dann würde ich Ihnen sagen: Ich bin Priester und Theologe, und damit hat sich's, nicht wahr? Das sind die wirklichen Bezeichnungen, die etwas sagen."[3]

---

[1] Vgl. A. R. Batlogg, Perfekte Priester?, in: Stimmen der Zeit 227 (2009), S. 73–74, hier 74.

[2] K. Lehmann, Der Reichtum der Lebenshingabe Jesu Christi, in: ders., Geistlich handeln. Freiburg 1982, S. 79–86, hier 84.

[3] K. Rahner, Ich bin Priester und Theologe. Gespräch mit der Redaktion des Sonntagsblattes für das Erzbistum Paderborn „Der Dom", 1982, in: ders., Sämtliche Werke. Bd. 31: Im Gespräch über Kirche und Gesellschaft. Interviews und

Der Priester Karl Rahner überzeugte. Für seine Gedanken über priesterliche Existenz bin ich ihm nicht zuletzt als Bischof dankbar. Ich wünsche dem kleinen Band eine freundliche Aufnahme. Er wird vielen helfen.

Mainz, zum 19. Juni 2009

Karl Kardinal Lehmann

Stellungnahmen. Bearbeitet von A. Raffelt. Freiburg 2007, S. 316–318, hier 317.

Der Priester von heute

*D*iese Betrachtung über das Priestertum soll nicht so sehr die theologischen Wesenszüge des Priesters zu beschreiben suchen, sondern der Frage nachgehen, wie ein Priester heute auszusehen hat, welche Züge der Mensch von heute im Priester sucht bzw. besonders vermißt. Wir halten uns damit natürlich ein Modell vor, das uns überfordert. Das gehört zum Wesen des priesterlichen Berufes, daß dieser Beruf dem Menschen mehr abverlangt, als er von sich aus leisten kann, so wie die Liebe Gottes als Liebe „aus ganzem Herzen und aus allen Kräften" (Mt 22, 37) den Menschen immer irgendwo überfordert, weil er nie sagen kann, er habe diesen Anspruch erfüllt; so wie das Christentum überhaupt in der Bergpredigt (Mt 5, 1 ff.), im Gebot der Liebe (Mk 12, 28–31), im Gebot der Nachfolge des Gekreuzigten (Mt 16, 24–26) den Menschen immer in eine Unendlichkeit hinausruft, hinauszwingt, die er von sich aus nicht bewältigen kann, der gegenüber er immer der Anfänger bleibt, derjenige, der hinter der Forderung zurückbleibt. So empfinden wir auch dem Priestertum gegenüber. Das liegt in der Natur der Sache.

1. *Individualapostel im Massenzeitalter*

Der Priester von heute ist in einem besonderen Maß der Individualapostel im Massenzeitalter. Natürlich ist die Kirche eine, wie man das in der Kirchengeschichte nennt, Großkirche, sie will eine Volks- und Massenkirche sein. Sie tauft unbefangen die kleinen Kinder, rechnet sie zu sich, erwartet, daß die Massen der Getauften bei ihr bleiben, katholische Christen sind und werden. Insofern wird die Kirche grundsätzlich nie darauf verzichten, in diesem Sinne Massen- und Volkskirche zu sein. Sie wissen, daß dieses Stichwort heute innerhalb der katholischen Kirche in Mitteleuropa wie auch außerhalb des katholischen Christentums heftige Disputationen hervorgerufen hat. Man sagt, daß der Christ wird und nicht geboren wird; daß deswegen die ganze Ausrichtung der Pastoral auf die Betreuung großer „Herden", die heute doch nicht mehr zu halten seien, verkehrt sei. Das sei hier nicht gemeint. Dennoch ist es so, daß die Christen heute eine relativ kleine Herde in einer großen Masse sind. Wenn wir in Deutschland z. B. bedenken, daß wir mindestens 50 % Christen haben, die nicht katholisch sind, und von den übrigen 50 %, die es nominell gibt, zwischen 10–30 % praktizierende Christen sind, dann können Sie sich ausrechnen, wie viele Christen es eigentlich gibt. Gewiß bleibt dann der Kirche eine kleine Herde, ein relativ armseliger Haufen. Das ist nun die Situation, in der wir als Priester wirken müssen. Auch wenn wir Volks- und Massenkirche sind, wenn wir alle Positionen zu behaupten versuchen, die wir historisch ererbt haben, wenn wir die amtliche christliche Fassade einer

Kultur und Zivilisation verteidigen, die weniger erfüllt, als sie verheißt, dann bleibt dennoch wahr: wir müssen um jeden einzelnen Menschen kämpfen, müssen ihn innerhalb dieser Situation zu einem Christen zu machen versuchen, zu einem Menschen, der trotz dieses liberalen, atheistischen, skeptischen Milieus frohgemut glaubt. Deswegen müssen wir uns in unserem priesterlichen Tun darauf einstellen, daß jeder einzelne Mensch, der aus einem Nichtchristen zu einem Christen gemacht wird, etwas ganz Großartiges und Wunderbares ist, wofür wir Gott nicht genug danken können, wenn uns das gelingt. Hoffentlich haben wir den Mut, den Einzelnen in seinem Christentum so hoch zu schätzen, daß der so zum Christen gemachte Einzelne als Belohnung, als ein Segen für unser priesterliches Leben erscheint. Diese Einstellung gehört zum priesterlichen Ethos, das für uns notwendig ist, sonst haben wir immer den Eindruck, mühsam gegen eine unaufhaltsam fortschreitende Entchristianisierung anzukämpfen. Der Priester wird immer der Hirte einer Herde sein und immer Vorsteher einer Gemeinde, aber diese Gemeinde braucht deswegen nicht sonderlich groß zu sein. Infolgedessen ist er der Apostel eines individuellen Schicksals – und wer den Mut hat, das zu sein, ist Priester.

2. *Mystagoge einer personalen Frömmigkeit*

In diesem Massenzeitalter, dessen Signatur gar nicht das Christentum als solches in seiner amtlichen Öffentlichkeit, heilsgeschichtlich gesehen, sein kann, muß dann der Priester viel mehr als früher der Mystagoge einer personalen Frömmigkeit sein. Das eigentlich Spirituelle, im Gegensatz zur bloßen Verwaltung des bloß Sakramentalen und institutionell Gesellschaftlichen, gewinnt heute sicherlich im priesterlichen Leben an Bedeutung. Er kann nicht einfach die Herde weiden und die Einzelnen mitlaufen lassen. Das gibt es in einem immer geringeren Maß. Im Beichtstuhl, in der persönlichen Aussprache, in der Belehrung muß der Priester heute mehr denn je auf eine persönliche Frömmigkeit des Einzelnen als solchen hinarbeiten. Diesem Christen muß in einer einmaligen, individuellen Weise das Christentum aufgegangen sein als seine ganz unerwartete Begnadigung, bei der er vielleicht traurig ist, daß anderen in seiner Umgebung diese Gnade scheinbar nicht zuteil geworden ist, aber er muß ein solcher, von innen her lebendiger Christ sein, daß ihm die Nichtchristlichkeit seiner Umgebung nicht als eine Bedrohung vorkommt. Mindestens in diese Richtung müßte unsere pastorale Bemühung gehen. Dabei ist der Priester der Mittler, der in eine ganz persönliche Frömmigkeit Einweihende. Von da aus ergibt sich selbstverständlich für unser eigenes priesterliches Dasein, daß wir heute weniger als je zuvor Religionsbeamter, kirchlicher Funktionär eines kirchlichen Betriebes sein können.

3. Humaner Mensch

Ein solcher Priester muß heute in einem sehr intensiven Sinne ein humaner Mensch sein. Der Mensch Priester muß werbend von Mensch zu Mensch auftreten können. Er muß auch dort sich einigermaßen bemühen, überzeugend zu wirken, wo er als der Einzelne dem kritischen Einzelnen gegenübersteht. Er kann nicht immer nur die Heerscharen Gottes und der Kirche hinter sich fühlen und gleichsam nur als der große Herold der Massenkirche von 300 oder 500 Millionen in die Posaune stoßen und sagen: Da kommen wir. Auf diese Weise kommt er in unserem nichtchristlichen Massenzeitalter nicht an den Menschen heran. Er tritt dem einzelnen Menschen klein und bloß gegenüber und kann nur mit dem Christentum, das er hat, werbend den anderen überzeugen, daß es der Mühe wert ist, ein Christ zu sein. Wenn er sich in dieser Situation befindet, muß er auch als Mensch überzeugen. Es ist nicht so, wenn wir es dogmatisch richtig sehen, daß das sittlich-natürliche Humane am Menschen etwas sei, was von der Gnade Christi nicht zeuge, sondern etwas sei, das bloß profan mit dem Christentum mehr oder minder noch gar nichts zu tun habe. Wenn wir in der Dogmatik in der Gnadenlehre sagen, daß das Naturgesetz auf die Dauer nur mit der Gnade Christi beobachtet werden könne – ob diese Gnade von den Menschen als Gnade Christi erfaßt wird oder nicht, ist gleichgültig –, dann heißt das doch, daß schon das echte, reife, lautere, bescheidene, frohe Humane ein Zeugnis dafür ist, daß die Gnade Christi in der Welt ist. Jedenfalls erwartet das der Mensch von heute. Heilige, die irgendwo im Menschlichen verkümmert scheinen, können vielleicht sehr heilig sein, haben dann aber ihre lobenswürdige Heiligkeit auf eine Weise in ihrem Leben realisiert, die nicht sehr apostolisch wirkkräftig ist. Christlich-human heißt nicht einfach eine „conformatio saeculi" (Röm 12, 2), aber schließt ein, daß der Mensch, der uns begegnet, den Eindruck haben kann, es widerspricht nicht seinem Grundempfinden, ein Christ zu sein.

Der Priester von heute muß in diesem Sinne ein humaner Mensch sein. Er hat den Mut, auch an die gottgewollte, natürliche Natur in sich zu glauben – bei aller Kritik, die er von der Lehre der Konkupiszenz und der Erbsünde und der Gefahr des Bösen und des Teufels und der Welt her sich gegenüber anbringt. Beide Dinge lassen sich vereinigen. Man braucht nicht der Meinung zu sein, daß diese Synthese zwischen einem echten Vertrauen auf die Schöpfermacht Gottes und auf das gute Humane im Menschen in allen Zeiten der christlichen Aszese gelang; man braucht auch nicht sämtliche Weisheiten der alten Aszese in jeder Hinsicht für die heutige Zeit für sinnvoll und gültig zu betrachten.

Der Priester von heute muß in einem weiteren Sinn irgendwie gebildet sein, ohne deswegen den Allerweltsfachmann mimen zu wollen. Man erwartet vom Priester, daß er ein gebildeter Mensch ist. Dadurch, daß wir das Abitur gemacht, Theologie und Philosophie studiert haben, haben wir ein Stück Bildung erworben, aber nicht jene, die man heute von uns erwartet. Diese muß humaner, allgemeiner sein, muß mit einem Interesse für jene Dinge gepaart sein, die einen Menschen von heute eben interessieren. Wir brauchen selbstverständlich nicht alles zu wissen. Wir können nicht noch nebenbei Atomphysiker, Psychologe, Paläontologe, Soziologe, Literaturwissenschaftler und Politiker sein. Aber es wäre manchmal vernünftiger, einer liest eine Zeitung oder vertieft sich in einen Roman, als daß er Skat spielt. Wir haben wirklich eine Aufgabe, echte, gebildete Menschen zu sein. Das heißt ferner, daß diese Bildung nicht bloß eine Kopfbildung sein muß, sondern eine innere Formung des ganzen, auch emotionalen Menschen.

4. Brüderlicher Gefährte
unter der Last des Glaubens

Man erwartet vom Priester heute in einer besonderen Weise, daß er, ohne pathetisch oder sentimental oder indiskret oder respektlos zu werden, sich irgendwie als der brüderliche Gefährte der Last des Glaubens der anderen fühlt. Es gibt eine echte, selbstverständliche Glaubensüberzeugung auch dort, wo jemand die Last und die Dunkelheit des Glaubens real, bitter, beinahe daseinsbedrohend spürt. Absoluter Höhepunkt des Glaubens, theologisch ausgedrückt: radikalste Fülle der eingegossenen Tugend des Glaubens und Dunkelheit des Glaubens, Mühsal des Glaubens, Empfinden der Angefochtenheit des Glaubens sind absolut vereinbare Größen. Es gibt einen Glauben, der sich selbstverständlich vorkommt und die anderen, die nicht glauben oder zu glauben meinen, entweder für Bösewichte hält oder als Dummköpfe behandelt. Die Festigkeit des Glaubens ist nicht eine Festigkeit des christlichen, gnadenhaft, übernatürlich eingegossenen Glaubens in sich, sondern ist vielmehr ein Ergebnis soziologischer Bedingungen, psychologischer Verfestigungen einer Haltung. Eine solche Festigkeit hat mit der wahren Festigkeit des Glaubens meistens nicht sehr viel zu tun. Nun ist natürlich klar, daß Gottes Gnade und seine Führung auf Grund unserer Eigentümlichkeit, unserer persönlichen Geschichte, unseres Milieus uns einen Glauben verleiht, der sich unbedroht, froh, sicher erfährt. Dann soll jemand einfach Gott danken, froh sein und schauen, daß er mit diesem, auf diese Weise ihm gegebenen Glauben auch wuchert und in seinem priesterlichen Leben Frucht bringt. Er braucht deswegen die Bekümmertheit und Last des Glaubens sich nicht künstlich anzuknobeln. Dort aber, wo wir dieses Christentum erheblich anders erfahren, sollten wir uns die radikale innere Sicherheit des auf der Gnade Gottes und auf der letzten Treue der Freiheit des Menschen gegründeten Glaubens nicht nehmen lassen. Wir sollten den Eindruck haben, wenn wir als solche Menschen in unserem priesterlichen Wirken zu den anderen Menschen kommen, dann haben wir gerade durch diese Last der Gnade, des Glaubens, die Gott uns auferlegt, eine neue und positive Chance, den Menschen von heute zu verstehen. Wir können ihm die Botschaft des Glaubens so sagen, daß ein bekümmerter Atheist, der irgendwie durch die Pluralität der heutigen Wissenschaften, durch die Diskrepanz der Methoden beinahe schizophren wird, der fast nicht mehr weiß, wie er seine anderen geistigen Haltungen mit dieser merkwürdigen Haltung des Glaubens vereinbaren kann, von uns empfängt, was ein anderer nicht geben kann. Wo wir das können, dürfen und sollen wir den Mut haben, der brüderliche Geführte des anderen in der Last der Finsternis, der Schwere, der Angefochtenheit seines Glaubens zu sein.

5. *Glaubwürdigkeit durch Redlichkeit*

Weiterhin gehört es zum Priester von heute, daß er dann glaubwürdig wirkt, wenn er angstlos sein Unvermögen und die Grenzen seines Wissens eingesteht. Beobachten Sie einmal sich selbst. Der Priester ist irgendwo der Sichere, der Superiore, der alle wichtigen Dinge Wissende, der die berühmte, klar abgeschlossene Weltanschauung hat und versucht ist, sich unangreifbar zu geben. Wie ist es denn in Wahrheit? Das Christentum ist – pointiert und paradox gesagt – nicht die Religion, die alle Welträtsel löst, sondern die Religion, die dem Menschen in der Gnade Gottes den Mut macht, sich und sein Leben in das unbegreifliche Geheimnis hineinzubergen und zu glauben, daß dieses Geheimnis Liebe ist. Tod, Leid, Schmerz, Vergeblichkeit, Armut, Krankheit, die unübersehbare Fülle der Wirklichkeit, die irgendwo die geistige Verfassung des Menschen zu sprengen droht, bewältigen wir nicht, wenn wir sagen, Gott ist die Lösung aller Rätsel. Das ist zwar richtig, aber es will so verstanden werden, daß wir das letzte umfassende Geheimnis dort ansiedeln, wo es hingehört. Dieser unser Gott ist der Unbegreifliche, das Geheimnis, und nicht dasjenige, hinter das wir gekommen sind; ist deswegen nicht ein Punkt, von dem aus wir nun die übrige Wirklichkeit aufrollen und durchschauen und in diesem Sinn souverän meistern könnten. Das weiß der

Mensch von heute und empfindet es zu deutlich, als daß er einen Priester ertragen könnte, der den Eindruck macht, der Landrat des lieben Gottes zu sein, der im himmlischen Konzil mit dabeigewesen ist, der gewissermaßen das Räderwerk der Weltgeschichte auseinandernehmen und jedem erklären kann, der für alle Fragen und Qualen des Menschen eine Patentlösung hat. Wir können im Letzten dem Menschen nur sagen: Knie mit mir zusammen nieder und bete den unbegreiflichen Gott an und glaube, daß er die ewige Liebe ist. Als solcher hat er sich uns in der Finsternis dieser Welt in Jesus Christus, dem Gekreuzigten, bezeugt. Wenn wir als das Symbol des Christentums einen am Schandpfahl des Kreuzes Angenagelten über unser Leben erheben, wenn wir einigermaßen begreifen, was das heißen soll und unser Gefühl gegenüber der Ungeheuerlichkeit eines solchen Symbols nicht völlig abgestumpft ist, dann müssen wir auch in unserem priesterlichen Leben solche sein, die auch sagen können: ich weiß nichts, ich erfahre meine Grenzen, ich trage das Kreuz: Wir knien vor dem unbegreiflichen Geheimnis Gottes. Kommt, laßt uns niederfallen vor unserem Gott, der uns gemacht hat. Dann kann dieser Priester sagen: So glauben wir doch „contra spem in spem" (Röm 4, 18), daß wir unendlich geliebte Kinder Gottes sind.

Diese brüderliche Teilnahme an der Last des Glaubens der anderen erfährt natürlich erneut ihre Spezifikation darin, daß man nun nicht so tut, als ob man als Gebildeter schon alles andere wisse. Man müßte sagen: die Situation des Gesprächs gehört heute wirklich zu der Situation, in der wir das Christentum verkünden können. Irgendwo in Deutschland gibt es eine katholische Akademie. Als ein neuer Erzbischof gekommen war, hatte er dem Akademiedirektor erklärt: „Mein Lieber, die Akademie ist ganz recht. Ich habe nichts dagegen. Machen Sie ruhig weiter. Aber seien Sie sich darüber im klaren, wir, die Kirche, der Episkopat, die Priester, diskutieren eigentlich nicht mit den Leuten. Die Form des Gesprächs ist ein pädagogischer Kniff und nicht mehr. Wir wissen, was wir zu

sagen haben. Das haben die anderen anzuhören."
Es ist an diesen Worten etwas Richtiges: Wir richten die Wahrheit Gottes aus und nicht die eigene gescheite Erfindung, aber bis die Wahrheit Gottes nun die vom Menschen ergriffene und zur Wirklichkeit seines Daseins gemachte ist, muß sie eine Synthese mit all der Problematik und all den ungelösten Fragen des Menschen im allgemeinen und des Menschen von heute im besonderen eingehen – und da gibt es dann tausend konkrete Dinge, die dem Priester niemand genau sagen kann, die die Kirche uns auch nicht genau sagen kann, bei denen alle noch so klaren naturrechtlichen und anderen Prinzipien irgendwo ins Dunkle hineingehen. Wenn der amerikanische Präsident einen katholischen Moraltheologen fragen würde: Was mache ich mit den Atombomben, was könnte dieser eigentlich sagen? So, daß die letzten Gewissensqualen, die letzten Fraglichkeiten in dieser Hinsicht in einem solchen Politiker gelöst werden? Nichts! Alle amtlichen Prinzipien sind wichtig, sind großartig, müssen beachtet werden, sind eine

Gnade Gottes, sind herrlich – sonst wäre es auf der Welt noch finsterer –, aber das ändert nichts daran, daß der Mensch konkret auch noch einmal mit der Wahrheit Gottes zusammen, selbst unter diesem Licht, der im Finsteren Tappende ist, derjenige, der sich mühsam im Dasein durchschlägt, der alles mögliche wagen muß und nicht weiß, wie es ausgeht. Dieses Empfinden hat der Mensch von heute. Wenn wir uns so geben, als hätten wir für diese Situation kein Verständnis, als wüßten wir alles, als nehme uns das Evangelium alle Last des Lebens ab, als wüßten wir sogar in allen anderen Sparten der menschlichen Erkenntnis, der menschlichen Lebenserfahrung schon alles, dann sind wir von vornherein unglaubwürdig.

6. Ein Liebender

Der Priester muß in einem sehr deutlichen Maße ein Liebender sein, der nicht sich sucht. Dies ist eitle Binsenwahrheit. Aber je mehr der Priester von heute, unbeschadet seiner Amtsvollmachten, seinen Beruf nur ausüben kann, wenn er den Menschen findet, menschlich glaubwürdig ist, wenn er seinen persönlichen Glauben in der richtigen Weise einsetzt, um so mehr muß er ein Mensch sein, von dem der andere den Eindruck hat: er ist ein liebender, ein selbstloser, ein gütiger Mensch. Es ist leicht gesagt, und jeder denkt sich: ja-ja, das bin ich. Aber wie entsetzlich und furchtbar sind wir in unserem priesterlichen Dasein überfordert. Wie mühsam ringen wir uns mehr von unserem Herzen ab, als es eine einmal abgewogene Pflicht fordert! Und doch, wir müssen uns immer wieder fragen: Ist unser Herz, unsere Liebe wirklich bei unserem Beruf dabei? Sonst sind wir und bleiben wir auch in unserem Priestersein „tönendes Erz und klingende Schelle" (1 Kor 13, 1). Daraus ist klar, daß der Priester der Mitträger des Leides der anderen sein muß. Die Welt von heute verbannt das Leid in eine Anonymität und Unausdrücklichkeit. Man stirbt in einem Krankenhaus, ohne daß man es merken darf; man darf mit seinem Leid die Umgebung nicht belästigen. Überall wird in äußerem Optimismus gemacht, und trotzdem sind die Menschen die innerlich Geängstigten, die Bedrohten, die Unsicheren, die Leidenden, die in der Finsternis Tappenden, die den Tod Fürchtenden, die Unglücklichen, und sie besitzen vielleicht hinsichtlich der Ehe, des Berufes, des Verhältnisses zu den Kindern, zu ihrer sonstigen Umgebung, zu ihrer eigenen Leiblichkeit ein beinahe bis zum Pathologischen ausgebildetes Empfinden, eine große Sensibilität hinsichtlich des Schmerzes. Es sollte einen geben, der da den anderen mitertragen hilft, ihn anhört, geduldig mit ihm ist. Das ist sehr schwer, wenn man selber gerade munter und gesund ist, sich seines Daseins freut, Erfolg hat, geduldig zu sein mit denen, die Leid tragen, die auf der anderen Seite der Welt angesiedelt sind, diese nicht schnell abzufertigen, nicht gleich zu sagen: Sie sind hysterisch oder blöd oder einfältig oder sentimental. Da wirklich mitzutragen, anzuhören, sich zu interessieren, tausendmal dasselbe sich sagen zu lassen, vorjammern zu lassen, ist ein Wert und eine Gnade zugleich. Es muß gewissermaßen jemanden in der Welt geben, der das geduldig, hart gegen sich, auf sich nimmt – wenigstens in diesem oder jenem Fall. Mitträger des Leides muß der Priester sein.

7. Einer, der nach der neuen Sprache sucht

Der Priester muß derjenige sein, der angstlos nach der neuen Sprache sucht. Das Christentum ist immer dasselbe und das Älteste, das Selbstverständlichste und kann zugleich das unerhört Neue sein. Dennoch können wir nicht leugnen, daß die Sprache, in der wir das Christentum verkünden (das nicht in einem literarischen, ästhetischen Sinne, sondern in einem Sinn, daß die Sprache dazu da ist, die gemeinte Sache möglichst assimilierbar zu bieten), oft sehr altmodisch ist. Darüber zu jammern, hat ebensowenig Sinn wie modische Einfälle zu haben, billige Mätzchen zu versuchen.

Statt dessen sollten wir in uns selber zurückfragen, sollten uns unseren eigenen Schwierigkeiten in all den Dingen des Glaubens unbefangen, angstlos, arglos stellen und diese Probleme nicht überrunden und überspringen, sondern für uns und in uns einigermaßen zu lösen suchen und dann das den Menschen sagen. Dann werden wir immer noch so reden, daß man besser reden könnte, aber wir haben vielleicht darin doch das Kleine, ganz Bescheidene getan, das jeder Einzelne von uns tun kann. Geben wir uns doch Mühe, nicht einfach deswegen die alten Klischees weiterzugeben, weil sie durchaus richtig sind, weil sie vielleicht sogar in der Heiligen Schrift stehen, weil sie sogar in der amtlichen Verkündigung der Kirche so bis auf den heutigen Tag, bis in die Enzykliken und die Hirtenbriefe der Bischöfe hinein, gesagt werden. Geben wir uns damit nicht einfach zufrieden, sondern suchen wir das Evangelium Jesu Christi so zu sprechen, daß es wirklich einigermaßen in unser eigenes Herz eindringt. Dann werden vielleicht auch manche andere es hören.

8. Einer, der die anderen Geister
in der Kirche gelten lassen kann

Der Priester von heute muß in einem sehr erheblichen Maße einer sein, der liebend die anderen Geister in der Kirche gelten lassen kann. Die Welt von heute ist so vielschichtig, so differenziert, so plural, daß in der einen katholischen, d. h. allumfassenden Kirche es notwendigerweise, nach dem positiven und nicht nur zulassenden Willen Gottes, sehr große Unterschiede geben soll: im Recht, im Kult, in der Theologie, in der Pastoral, in der Aszese, im praktischen Leben, in der Gestaltung des Christentums, in der Auseinandersetzung des Christentums mit der Welt. Wenn wir da nicht die Großherzigen, die Toleranten sind, wenn wir Dinge in der Kirche nicht gelten lassen, die wir selber nicht tun, weil wir sie nicht tun können, weil wir dafür nichts übrig haben, weil wir andere Gnadengaben Gottes haben und nicht diese, wenn wir das nicht fertigbringen, sind wir nicht Priester – so, wie sie heute sein sollen.

Dieser Brotneid, diese Einbildung, daß z. B. alles Gute in diesem oder jenem Orden sei, und wenn es sonst noch irgendwo sei, mindestens von diesem ausgeliehen sei, ist töricht und einfältig, unwahr, ist lieblos, ist falsch, auch ekklesiologisch gesehen. Das bedeutet wieder nicht, daß wir selber allem nachlaufen müssen und alles selber in unseren „Laden" hineinnehmen müssen. Wir brauchen kein Kaufladen zu sein, in dem man schlechterdings alles haben kann, was es in der Kirche gibt. Warum denn? Ein vernünftiger reifer Mensch kann sich gewissermaßen seiner, auch begrenzten, Eigenart in Demut, Bescheidenheit und Geduld bewußt sein, kann das durchaus liebend und ohne Minderwertigkeitskomplexe tun und trotzdem zugeben, daß andere anderes haben, Großes haben, das für die Kirche notwendig ist. Wenn wir so nicht unseres Eigenen froh sein können, auch wenn der andere anderes hat, dann sind wir keine Priester, wie sie heute von der Kirche gesucht sind.

9. Mensch des Wesentlichen im Religiösen

Der heutige Priester muß ein Mensch des Wesentlichen im Religiösen sein. Die Entscheidungen des Glaubens gehen heute, wo jeder Glaube neu errungen, entschieden, erlitten, erbetet werden muß, notwendigerweise so auf die letzten, wesentlichen Dinge, daß wir nicht nur das Recht, sondern auch die Pflicht haben, in unserer Pastoral und unserer Aszese, in einem gewissen kargen Stil auf das Wesentliche zu achten, manches an Verzierung und Drumherum, was in anderen Zeiten sinnvoll war, wegzulassen. Betrachten Sie die neuen Kirchenbauten, wie wenig in ihnen im Vergleich zu früheren Zeiten darin aufgestellt und aufgehängt ist. Das kommt nicht von ungefähr. Wir haben so viel mit den letzten grundlegenden Dingen zu tun, daß wir jetzt nicht noch hundert verschiedene Andachten, so schön und gut sie sein mögen, pflegen können. Deswegen soll der Priester die Leute heutzutage mit irgendwelchen Nebensächlichkeiten des Christentums in Ruhe lassen; er soll ihnen wirklich das Wesentliche und Entscheidende predigen. Ich habe nichts gegen die Andacht zur Muttergottes von Fatima, aber wenn uns unser Herz erst dort aufgeht und unser religiöser Mensch erst dort wach wird, wo wir so etwas verkünden, dann müssen wir doch sagen: Nein, mein Lieber, du mußt etwas von Jesus Christus, von der Eucharistie, von Gott, von seinem Geheimnis, von der Trinität sagen können. Dort muß das Herz des eigentlich religiösen Menschen aufgehn! Das sind die Dinge, das feste Brot, die heute in der Seelsorge notwendig sind.

10. *Ein religiös diskreter Mensch*

Der Priester von heute müßte der religiös diskrete, der „keusche" Mensch sein. Wenn wir gar so mit Pauken und Trompeten von Gott reden, wenn wir nicht die Diskreten sind, die dort, wo sie vom Größten zu reden haben, irgendwie unter der Inadäquatheit ihres Redens zum Gegenstand leiden und deswegen leise reden; wo diese Zurückhaltung, diese innere Bescheidenheit nicht da ist, wirkt der Priester auf den Menschen von heute unglaubwürdig. Daß der Priester von heute im echtesten, wahrsten, unmittelbarsten Sinn ein frommer Mensch sein muß, das ist selbstverständlich. Was wir den Menschen zu geben haben, ist Glaube, Hoffnung und Liebe. Alles andere finden sie bei anderen Menschen mindestens ebensogut, das brauchen sie nicht bei uns einzukaufen. Infolgedessen sucht der moderne Mensch den Homo religiosus, der von Gott die Gnade erhalten hat und sie täglich neu erbittet, sein Leben, seine ganze Existenz in die Frömmigkeit, in das Verhältnis zu Gott hineinzutragen, obwohl er durchaus weiß, daß andere in diesem radikalen professionellen Sinn das weder können noch wollen, noch de facto tun. Diese Selbstbescheidung, die Bescheidung auf das Höchste, gehört notwendigerweise zu einem priesterlichen Leben. Wer meint, er müsse es in allen anderen Sparten des Lebens den anderen Menschen mindestens gleichtun, der versucht etwas, was in der Endlichkeit der menschlichen Existenz unmöglich ist; er räumt notwendiger Weise dem, was er sein soll, zu wenig Raum ein und kann dann auch den anderen Menschen das nicht geben, was sie von ihm und nur von ihm erwarten können.

11. *Mensch ökumenischer Gesinnung*

Der Priester von heute muß derjenige sein, der ein inneres Verständnis für die nichtkatholischen christlichen Konfessionen hat, erwirbt und aufbringt, bei aller Überzeugtheit von der Absolutheit der einen römisch-katholischen Kirche. Diese Haltung ist in der Kirche noch nicht im nötigen Maße vorhanden.

12. *Mensch eines echten Nonkonformismus*

Vom Priester erwartet man, daß er den Mut zu einem am richtigen Platz angewandten Nonkonformismus hat, ohne deswegen einen solchen Nonkonformismus zum Prinzip zu machen. Wo der Priester den Eindruck erweckt, einfach der kleine Funktionär zu sein, der dort, wo es im Grund genommen gar nicht nötig wäre, auf die Parteilinie schwört, alles und jedes, vom dümmsten Kirchenblatt angefangen bis zu irgendwelchen Verlautbarungen für wunderbar, unübertreffbar findet, wird er unglaubwürdig. Wenn er natürlich jetzt meint, diesem lahmen und feigen Konformismus dadurch anzukommen, daß er schlechterdings über alles meckert, was nicht definierte Glaubenswahrheit ist, wirbt er ebenfalls nicht für Verständnis und Liebe für Kirche und Christentum.

13. *Mann des freien Wortes in der Kirche*

Damit ist auch gegeben, daß der Priester der Mensch sein kann und soll, der auch jenes freie Wort in der Kirche zu sagen wagt, das nun nach Pius XII. zur Kirche gehört, ohne welches freie Wort – wie er sagt – „Hirte und Herde nur Schaden leiden würden". Dieser Mut darf natürlich wieder nicht in ein kirchliches Querulantentum ausarten.

14. *Ein froher Mensch*

Der Priester muß derjenige sein, der in einem guten und wahren Sinn ein fröhlicher Mensch ist. Vor einiger Zeit ist in Freiburg eine Frau gestorben, die einen Sohn als Priester hatte. Am Abend haben sie noch ein Glas Sekt miteinander getrunken, und dann sagte diese Mutter zu ihrem priesterlichen Sohn: „So, Bub, jetzt gehst du nach Hause und schläfst gut, und ich schlafe in die

Ewigkeit hinüber. Mache kein trauriges Gesicht; wenn die Pfarrer ein trauriges Gesicht machen, dann glaubt man ihnen gar nicht, was sie predigen." Et factum est ita.

15. *Erzieher zur Freiheit*

Der Priester muß der sein, der die Menschen zur Freiheit erziehen kann, zu einem persönlichen Christentum. Die Beichtväter, die in einer falschen Weise alle an sich zu fesseln suchen, sind nicht die richtigen. Und wie gesagt: der Priester ist derjenige, der sein eigenes bekümmertes Nichtwissen eingesteht und gerade so für die Religion Gottes und nicht für seine menschliche Schlauheit wirbt. Er ist derjenige, der den christlichen Glauben nicht als Lösung aller Welträtsel anpreist, sondern als die liebende Annahme des Geheimnisses schlechthin versteht.

Nachwort
der Herausgeber

Priesterliche Existenz: Anregungen Karl Rahners

I.

Im Jahr 1961 hielt Karl Rahner SJ (1904–1984) einen Exerzitienkurs für Weihekandidaten aus dem Jesuitenorden. Der Kurs ist 1970 als Buch erschienen: „Einübung priesterlicher Existenz"; schon ein Jahr später erreichte es eine zweite Auflage[1]. Aus ihm stammt die vorliegende Meditation „Der Priester von heute"[2]. Im Vorwort geht Rahner auf die Genese der Veröffentlichung ein: „In diesem Buch geht es nicht um Theorie, sondern um die Praxis des priesterlichen Lebensvollzugs;

---

[1] Karl Rahner, Einübung priesterlicher Existenz. Freiburg 1970 (²1971), jetzt in Karl Rahner, Sämtliche Werke. Bd. 13: Ignatianischer Geist. Schriften zu den Exerzitien und zur Spiritualität des Ordensgründers. Bearbeitet von A. R. Batlogg, J. Herzgsell u. St. Kiechle. Freiburg 2006, S. 269–437.
[2] SW 13, S. 355–366.

es geht um ‚Mystagogie' in das Geheimnis dessen, was ‚Priestertum' ist." Der Leser ist also gehalten, nicht nach einer Theologie des Amtes bzw. des Ordo zu suchen. Und der Jesuitentheologe weist auf den Rahmen hin, eben die Exerzitien, weswegen „immer wieder der Gedankengang der Exerzitien durchscheint" – aus diesem Grund wurde dieses Buch in Band 13 der „Sämtlichen Werke" Karl Rahners aufgenommen, der Schriften zu den Exerzitien und zur Spiritualität des Ordensgründers Ignatius von Loyola enthält, auch wenn sich andere Gründe gefunden hätten, das Buch in Band 20 (Priesterliche Existenz) aufzunehmen.

Von der anderen, ebenfalls in SW 13 abgedruckten Monographie „Betrachtungen zum ignatianischen Exerzitienkurs" (1965) – zurückgehend auf Exerzitienvorträge aus den 50er Jahren – unterscheidet sich dieses Buch. Mehr als bei jenem ist hier nämlich, so Karl Rahner, zu beachten: „Einübung in priesterliche Existenz geschieht nicht zuerst durch flüchtige Lektüre, auch nicht durch Studium, sondern durch Betrachtung und

Meditation. Zur vertieften Erkenntnis und zu gläubigerer Annahme der priesterlichen Lebensform wollen diese Texte Anstöße geben." In gewisser Weise ist „Einübung priesterlicher Existenz" also „praktischer" ausgerichtet und läßt sich weniger auf ignatianische Detailfragen in den Geistlichen Übungen ein.

Umso merkwürdiger ist, daß „Einübung priesterlicher Existenz" – trotz zweier Auflagen innerhalb kurzer Zeit – wenig rezipiert wurde: Die Veröffentlichung wurde als „fromme" Schrift gesehen und gewertet und wohl deswegen – im Unterschied zu der Sammlung „Knechte Christi"[3] (1967) – systematisch offenbar so gut wie ignoriert. Sie fand zum Beispiel nicht einmal in dem vielfach aufgelegten Standardwerk von Gisbert Greshake „Priestersein" Erwähnung – auch nicht in dessen Neubearbeitung „Priester sein in dieser Zeit"[4].

---

[3] K. Rahner, Knechte Christi. Meditationen zum Priestertum. Freiburg 1967 (vorgesehen für SW 20).
[4] Vgl. G. Greshake, Priestersein. Zur Theologie und Spiri-

Diese Tatsache steht in auffälligem Kontrast zu der Wirkung, den diese Meditationen auf Teilnehmer ausgeübt haben. Wie schon 1954 – damals als Philosophiestudent – nahm nämlich zum Beispiel der Jesuit Reinhold Iblacker an den Exerzitien von 1961 auf dem Zenzenhof, der Villa des Innsbrucker Jesuitenkollegs im Süden der Tiroler Landeshauptstadt, teil und hielt Jahrzehnte später in einem Gedenkband über Karl Rahner seine Eindrücke fest: „Denke ich an die Exerzitien, die wir 1961 vor der Priesterweihe in Innsbruck machten, fällt mir der Augenblick ein, in dem uns der Exerzitienmeister den Schlußsegen erteilte. Wir waren dankbar bewegt; P. Rahner sprach, zu Tränen gerührt, die Segensworte und stieß dabei mit dem übergroßen Kreuz an die herabhängende Lampe. Das brachte uns alle wieder auf die Erde zurück und zur Kirche der Sünder. Wieder: In diesen Exerzitien gab uns P. Rahner so viele Anregungen,

tualität des priesterlichen Amtes. Freiburg 1981 ([5]1991); ders., Priester sein in dieser Zeit. Theologie – Pastorale Praxis – Spiritualität. Freiburg 2000 ([2]2001).

mutig unser ‚sentire cum ecclesia' (‚mit-der-Kirche-fühlen') zu betrachten, und zwar nicht als Außenseiter, vom Schmollwinkel her, sondern als Männer und geweihte Priester, die vom Zentrum der Kirche fühlen und leben."[5]

Die Originalmanuskripte der einzelnen Vorträge sind im Karl-Rahner-Archiv erhalten[6]. Daß Karl Rahner die Vorträge veröffentlicht hat – es handelt sich, wie so oft bei ihm, ganz eindeutig um gesprochenes Wort, das gedruckt anders wirkt als im Vortrag –, geht vermutlich auf die Anregung ehemaliger Kursteilnehmer zurück, die sich vorstellen konnten, daß auch andere Weihekandidaten und Priester darin Anregungen, vielleicht sogar Hilfe bei ganz konkreten Problemen erhalten könnten.

---

[5] R. Iblacker, Geistliche Wegweisung – Exerzitien, in: P. Imhof – H. Biallowons (Hrsg.), Karl Rahner. Bilder eines Lebens. Freiburg 1985, S. 127–129, hier 129.
[6] KRA I, A, 173 (mit dem handschriftlichen, nicht von K. Rahner stammenden Vermerk „Manuskript der Weihe-Exerzitien für Diakone SJ 1961 auf dem Zenzenhof/Innsbruck").

II.

Darauf nimmt Karl Rahner im Vorwort seiner Veröffentlichung auch Bezug, wenn er erklärt, warum er einen vor dem Konzil gehaltenen Exerzitienvortrag nach dem Konzil publiziert: „Zu dem Priesterbild, das im Hintergrund dieser ‚Einübung‘ sichtbar wird, muss noch einiges gesagt werden. Diese Exerzitien wurden im Jahre 1961 gegeben, also noch vor dem Konzil, noch vor den Reflexionen über Kirche, Amt und Volk Gottes, wie sie in ‚Lumen gentium‘, ‚Christus Dominus‘, ‚Optatam totius‘ und ‚Presbyterorum Ordinis‘ vollzogen werden. Von daher rührt die Orientierung an traditionellen Vorstellungen, wie sie in den Texten durchscheinen. Welchen Sinn kann es haben, das Alte einzuüben, wird mancher Priester von heute mit Recht fragen. Welchen Sinn hat das Alte überhaupt dort, wo etwas Neues wird? Über den Aufweis der Kontinuität hinaus, die auch für Entwicklungen in der Kirche nicht überflüssig ist, kann die Tradition zu einer kritischen Instanz werden;

sie kann das wahrhaft Moderne vom Modischen trennen helfen; sie kann den Geist der Unterscheidung der Geister wecken, sie kann aber auch in eine Konfrontation zwingen, die vielleicht das so heftig verteidigte Morgige als das Vorgestrige erkennen läßt. Die Zukunft kann nur dann ihre Verheißung einlösen, wenn sie um ihre Herkunft weiß."[7]

Passé sind für Karl Rahner bestimmte Formen des Priesterseins, nicht aber grundsätzliche Überlegungen, wie er sie in seinen Vorträgen angestellt hatte. Insofern waren diese „vorkonziliaren" Gedanken für ihn nicht überholt.

III.

Mit „Der Priester von heute" ist der 14. Abschnitt von insgesamt 22 Teilen aus „Einübung priesterlicher Existenz" überschrieben. Diesen Text geson-

---

[7] SW 13, S. 270.

dert zugänglich zu machen, erschien uns sinnvoll. Im „Jahr der Priester", das Papst Benedikt XVI. für 2009/2010 ausgerufen hat, mag er vielleicht so manche Inspiration bieten.

„Der Priester von heute" bietet so etwas wie die Skizze eines Anforderungsprofils für Priester. Obwohl die Überlegungen, wie gesagt, aus der unmittelbaren Vorkonzilszeit datieren, haben sie von ihrer Aktualität wenig eingebüßt. Eingangs betont Karl Rahner, daß er „nicht so sehr die theologischen Wesenszüge des Priesters" beschreiben bzw. darstellen, „sondern der Frage nachgehen" möchte, „wie ein Priester heute auszusehen hat, welche Züge der Mensch von heute im Priester sucht bzw. besonders vermißt". Was er in Umrissen vorlegt, nennt er „ein Modell" – „das uns überfordert": „Das gehört zum Wesen des priesterlichen Berufes, daß dieser Beruf dem Menschen mehr abverlangt, als er von sich aus leisten kann". Vor dem Hintergrund des „Modernierungsstresses", der in den letzten Jahren auch vor Priestern nicht Halt gemacht hat und damit verbunden der oft wahllosen Anhäufung von Zusatzqualifikationen, die die Warnung vor der „Professionalisierungsfalle" aufkommen ließen, weil Ausbildung allein (bzw. einseitiger Erwerb intellektueller Fähigkeiten) noch keine Qualität für die menschliche und seelsorgliche Begleitung garantieren kann, wirken die dann folgenden Äußerungen geradezu modern.

Im Sinn einer Lesehilfe sei hier, bei aller gebotenen Kürze, nur auf einiges hingewiesen. Zunächst ergibt bereits die Zusammenstellung der Titel der 15 (mehr oder weniger ausführlichen) Textabschnitte, die jeweils einem Stichwort zugeordnet sind, einen ersten Eindruck: Individualapostel im Massenzeitalter; Mystagoge einer personalen Frömmigkeit; Humaner Mensch; Brüderlicher Gefährte unter der Last des Glaubens; Glaubwürdigkeit durch Redlichkeit; Ein Liebender; Einer, der nach der neuen Sprache sucht; Einer, der die anderen Geister in der Kirche gelten lassen will; Mensch des Wesentlichen im Religiösen; Ein religiös diskreter Mensch; Mensch ökumenischer Gesinnung, Mensch eines echten Nonkonformismus; Mann des freien Wortes in der Kirche; Ein froher Mensch, Erzieher zur Freiheit. Klerikal ist das hier stichwortartig zusammengetragene Priesterbild nicht. Man denkt bei diesen Punkten nicht gerade an einen „Hochwürden" oder, um eine literarische Anleihe zu bemühen, an einen Don Camillo-Typ. Aber es wird spürbar, daß Karl Rahner den Priester als einen Mystagogen sieht: einen, der einweist in eine Erfahrung des Religiösen bzw. Transzendenten und dabei zum Wegbegleiter und Gefährten des Glaubens wird – gerade auch eines angefochtenen, eines suchenden, eines nicht schon „fertigen" Glaubens.

Es ist wohl nicht übertrieben, daß seine Ausführungen – gewollt oder ungewollt – nicht nur ein Anforderungsprofil darstellen. Sie versuchen auch ein Persönlichkeitsbild des Priesters zu zeichnen. Vom Abschied vom traditionellen, flächendeckenden bzw. konkurrenzlosen Christentum war in den 60er Jahren erst ansatzhaft die Rede. Karl Rahner betont indes bereits relativ deutlich, daß die Kirche in Europa dabei sei, zur Minderheit zu werden. Sie kann kaum mehr mit früheren Selbstverständlichkeiten rechnen: „wir müssen um jeden einzelnen Menschen kämpfen, müssen ihn innerhalb dieser Situation zu einem Christen zu machen versuchen, zu einem Menschen, der trotz dieses liberalen, atheistischen, skeptischen Milieus frohgemut glaubt".

Mehr als früher kommt es deswegen auf den einzelnen an, seine bzw. ihre Entschiedenheit – auf individuelle Christen, die sich in einem (heute ungleich mehr als damals bereits Wirklichkeit gewordenen) religiösen Pluralismus behaupten können: „Diesem Christen muß in einer einmaligen, individuellen Weise das Christentum aufgegangen sein als seine ganz unerwartete Begnadigung, bei der er vielleicht traurig ist, daß anderen in seiner Umgebung diese Gnade scheinbar nicht zuteil geworden ist, aber er muß ein solcher, von innen her lebendiger Christ sein, daß ihm die Nichtchristlichkeit seiner Umgebung nicht als eine Bedrohung vorkommt." Dem Priester kommt dabei in den Augen Karl Rahners die Rolle eines „Mittlers" zu: Er ist damit weit mehr als früher auch persönlich angefragt und „weniger als je zuvor Religionsbeamter, kirchlicher Funktionär des kirchlichen Betriebes".

Außerdem muß der Priester „werbend von Mensch zu Mensch auftreten können" – die Wahrheit Gottes also nicht apodiktisch, sondern einladend vortragen und vermitteln. Der Priester muß sich als „human" in umfassenden Sinn erweisen: Er muß „auch als Mensch überzeugen", nicht nur in seiner Priesterrolle. Und er muß „gebildet sein, ohne deswegen den Allerweltsfachmann mimen zu wollen"[8]: Damit ist indirekt hingewiesen auf die Versuchung, sich als Experte für alles (*„aptus ad omnia"*) zu verstehen. Mit Humanität verbindet Karl Rahner eine umfassende Bildung: „Wir brauchen selbstverständlich nicht

---

[8] Das Problem der Priesterausbildung derer, die nicht den üblichen akademischen Ausbildungsweg gehen – also Spätberufene – hat Karl Rahner nicht im Blick: „Man erwartet vom Priester, daß er ein gebildeter Mensch ist. Dadurch, daß wir das Abitur gemacht, Theologie und Philosophie studiert haben, haben wir ein Stück Bildung erworben, aber nicht jene, die man heute von uns erwartet."

alles zu wissen. (…) Aber es wäre manchmal vernünftiger, einer liest eine Zeitung oder vertieft sich in einen Roman, als daß er Skat spielt. Wir haben wirklich eine Aufgabe, echte, gebildete Menschen zu sein."

Um keine Mißverständnisse aufkommen zu lassen, ist betont, daß damit „nicht bloß eine Kopfbildung" gemeint ist, also allein die intellektuelle und wissenschaftliche Ausbildung, „sondern eine innere Formung des ganzen, auch emotionalen Menschen". Diese Dimension ist in den letzten Jahren angesichts einer ganzen Reihe von Problemen etwa der Persönlichkeitsentwicklung, der emotionalen und affektiven Reife[9] (längst nicht

---

[9] Vgl. etwa K. Schaupp, Geistliche Berufung: Gabe und Aufgabe. Die Bedeutung der Tiefenpsychologie für die Ausbildung von Priestern und Ordensleuten, in: Zeitschrift für katholische Theologie 106 (1984), S. 402–439; H. M. Stenger (Hrsg.), Eignung für die Berufe der Kirche. Klärung – Beratung – Begleitung. Freiburg ²1989; E. Drewermann, Kleriker. Psychogramm eines Ideals. Olten 1989; K. Hillenbrand (Hrsg.), Priester heute. Anfragen, Aufgaben, Anregungen. Würzburg 1990; ders., Die Liebe Christi drängt uns. Gedanken zum Dienst des Priesters. Würzburg 1992; F. Kamphaus, Priester aus Passion. Freiburg 1993.

nur von Fällen sexuellen Mißbrauchs) usw. ungleich dringlicher geworden[10].

Was zum Priester als dem „brüderlichen Gefährten unter der Last des Glaubens" gesagt ist,
spricht die Tatsache der Diskretion ebenso an wie
der Fähigkeit, suchende, zweifelnde, verzweifelte
Menschen, den „bekümmerten Atheisten" oder
auch, wie man heute sagt, „religiös Unmusika-
lische" ernst zu nehmen. Wie ernst Karl Rahner
dies ist, macht der relativ lange Abschnitt über
„Glaubwürdigkeit durch Redlichkeit" deutlich.
Die Kraft des Argumentes zählt heute oft mehr
als die des bloßen Amtes. Der Priester muß folg-
lich auch darauf hinweisen, daß ein Leben aus
dem Glauben nicht sämtliche Lebensprobleme erklären kann: „Das Christentum ist – pointiert und
paradox gesagt – nicht die Religion, die alle Welträtsel löst, sondern die Religion, die dem Menschen in der Gnade Gottes den Mut macht, sich

---

[10] Vgl. A. R. Batlogg, Priester unter Generalverdacht?, in:
Stimmen der Zeit 220 (2001), S. 433–434; ders., Priesterausbildung auf dem Prüfstand, in: StZ 223 (2005), S. 649–650;
ders., Perfekte Priester?, in: StZ 227 (2009), S. 73–74.

und sein Leben in das unbegreifliche Geheimnis hineinzubergen, und zu glauben, daß dieses Geheimnis Liebe ist." Das Beispiel eines nicht namentlich genannten Erzbischofs, der zwar Akademien für gut hält, das Gespräch jedoch nur für einen „pädagogischen Kniff" betrachtet, weil doch die Kirche die „letzten Wahrheiten" besitze, wie auch der Hinweis auf einen amerikanischen Präsidenten, der sich mit Atombomben und ihrer Gefährlichkeit zu befassen hat, sind Veranschaulichungen dafür, daß der Glaube gerade nicht für alle möglichen konkreten Lebenssituationen und Gewissensfragen eine passende, schnelle Antwort parat hat.

Der Priester als „ein Liebender, der nicht sich sucht", spricht wieder die Dimension der Empathie an, der nicht nur gespielten oder gemimten Aufmerksamkeit, die dem einzelnen in der Seelsorge zuteil werden soll, besonders in Grenzsituationen.

Dazu gehört auch die Notwendigkeit einer neuen Sprache – Karl Rahner kennt natürlich die

Versuchung, dies mit „modischen Einfällen" oder „billigen Mätzchen" zu verwechseln. Aber eine sich nur üblicher Klischees bedienende religiöse Binnensprache, die allein Insidern, im Christentum absolut Sozialisierten verständlich und zugänglich ist, könne nicht „ankommen", jedenfalls nicht heute: „Geben wir uns damit nicht einfach zufrieden, sondern suchen wir das Evangelium Jesu Christi so zu sprechen, daß es wirklich einigermaßen in unser eigenes Herz eindringt. Dann werden vielleicht auch manche andere es hören."

Die nächsten drei Abschnitte scheinen sich auf den ersten Blick zu widersprechen oder gegenseitig aufzuheben: die „anderen Geister in der Kirche gelten lassen" können (und zwar liebend und nicht nur irgendwie tolerierend) und gleichzeitig „ein Mensch des Wesentlichen im Religiösen" zu sein, der sich nicht in zweit- und drittklassigen Nebenthemen verliert oder auf Nebensächlichkeiten einläßt, die die Gewichte verschieben. Die Ausrichtung auf das Wesentliche bewahrt dann natürlich auch vor verschrobenen Frömmigkeitsformen. Und gleichzeitig soll der Priester dabei „der religiös diskrete, der ‚keusche' Mensch sein".

Die letzten fünf Abschnitte sind eher en passant gestreift und teils sehr kurz, etwa die mit zwei Sätzen auskommenden Bemerkungen über die ökumenische Gesinnung des Priesters[11], der auch „den Mut zu einem am richtigen Platz angewandten Nonkonformismus" an den Tag legen solle, um nicht den Eindruck zu erwecken, lediglich – wie ein Funktionär – auf eine „Parteilinie" zu schwören und kirchenamtliche Verlautbarungen wiederzugeben. Vielmehr soll auch der Priester den „Mut zum freien Wort" in der Kirche[12] haben bzw. entwickeln, ohne daß er deswegen –

---

[11] Die Kürze dieser Abschnitte darf zu keinen falschen Schlußfolgerungen über ihre Bedeutung führen. Wie wichtig Karl Rahner etwa das Thema der Ökumene war zeigt die Tatsache, daß ihm ein ganzer Band seiner „Sämtlichen Werke" gewidmet ist: SW 27 (Einheit in Vielheit. Schriften zur ökumenischen Theologie. Bearbeitet von K. Lehmann u. Albert Raffelt. Freiburg 2002).

[12] Auch ein anderswo von ihm grundsätzlich und breit behandeltes Thema, vgl. die Texte in SW 10 (Kirche in den Herausforderungen der Zeit. Schriften zur Ekklesiologie und zur kirchlichen Existenz. Bearbeitet von J. Heislbetz und A. Raffelt. Freiburg 2003).

auch das eine bekannte Gefahr – zum Querulanten wird, der ständig mit seinem Bischof oder dem Ordinariat im Clinch liegt.

Daß der Priester auch „in einem guten und wahren Sinn ein fröhlicher Mensch" sein soll, ist mit einer Begebenheit aus dem konkreten Leben beschrieben – dem Wunsch einer sterbenden Priestermutter an ihren Sohn, er solle, wenn sie gestorben sei, kein trauriges Gesicht machen, weil man sonst nicht glauben könne, was Priester predigten. Herbert Vorgrimler hat diese anonymisierte Szene biographisch entschlüsselt[13]. Der allerletzte Satz des 14. Kapitels von „Einübung priesterlicher Existenz", überschrieben mit „Erzieher zur Freiheit", ist ein typischer Rahnersatz: Der Priester „ist derjenige, der den christlichen

---

[13] Vgl. H. Vorgrimler, Theologie ist Biographie. Erinnerungen und Notizen. Münster 2006, S. 150: „Karl Rahner hat meine Eltern sehr gemocht. Er war gerade bei mir in Freiburg, als meine Mutter starb; am Morgen nach ihrem nächtlichen Tod erzählte ich ihm vom Abschied am Abend vorher. Diese Erzählung hat er wiedergegeben in seinem Buch ‚Einübung priesterlicher Existenz' (Herder Freiburg 1970, S. 180)".

Glauben nicht als Lösung aller Welträtsel anpreist, sondern als die liebende Annahme des Geheimnisses schlechthin versteht."

IV.

Einmal für immer geweiht bzw. mit einem *character indelebilis* („unauslöschliches Zeichen") ausgestattet, gilt heute mehr denn je zuvor, daß mit dem Tag der Priesterweihe nicht alles bis ans Lebensende mitgegeben ist. Es braucht das Hineinwachsen in den Beruf, die Fleischwerdung der Berufung sozusagen – eben „Einübung priesterlicher Existenz": „Mit der theoretischen und praktischen Ausbildung im Priesterseminar wie auch mit einem Studienabschluß ist für den Rest des Priesterlebens, das heutzutage leicht fünf bis sechs Jahrzehnte dauern kann, längst nicht alles gesagt – und schon gar nicht getan."[14] Karl Rahner selber hat nicht nur

---

[14] A. R. Batlogg, Perfekte Priester, 72.

immer wieder betont, er habe „Theologie betrieben um der Verkündigung, um der Predigt, um der Seelsorge willen."[15] Es war ihm – zeitlebens – auch immer wichtig, ungeachtet aller akademischer Beanspruchungen als Priester tätig zu sein: als Prediger, Beichtvater, Berater, Begleiter und als Spender von Sakramenten. Was für ihn letztlich zählte, war dies: „Ich bin Priester und Theologe, und damit hat sich's, nicht wahr?"[16]

Als Karl Rahner am 26. Juli 1932 in München-St. Michael von Kardinal Michael Faulhaber (1869–1952) zum Priester geweiht wurde[17], war die Stellung des Priesters, mindestens im soge-

---

[15] K. Rahner, Der Werdegang eines Theologen. Gespräch mit *Peter Pawlowsky* im 1. Fernsehprogramm des Österreichischen Rundfunks, 1980, in: ders., Sämtliche Werke. Bd. 31: Im Gespräch über Kirche und Gesellschaft. Interviews und Stellungnahmen. Bearbeitet von A. Raffelt. Freiburg 2008, S. 244–255, hier 247.
[16] K. Rahner, Ich bin Priester und Theologe. Gespräch mit der Redaktion des Sonntagsblattes für das Erzbistum Paderborn „Der Dom", 1982, in: SW 31, S. 316–318, hier 317.
[17] Vgl. K. H. Neufeld, Die Brüder Rahner. Eine Biographie. Freiburg ²2004, S. 100 f.

nannten katholischen Milieu, noch unangefochten und eindeutig. Allerdings auch nur dort. Denn die Weihe fiel bereits in eine politisch brisante Zeit[18]. Viel hat sich im Laufe seiner Lebens- und Wirkungszeit als Jesuit und Priester geändert. Er hat Priester kommen und gehen sehen; auch viele Jesuiten verließen den Orden – Karl Rahner blieb treu. Auf sein Primizbild hat er 2 Tim 2, 11 setzen lassen: „Treu ist das Wort: Wenn wir mit ihm gestorben sind, werden wir auch mit ihm leben."[19] 1982 konnte Karl Rahner zusammen mit zwei Mitbrüdern auf 60 Ordens- und 50 Priesterjahre

---

[18] Fünf Tage später fanden Reichstagswahlen statt, bei denen die Nationalsozialistische Deutsche Arbeiterpartei (NSDAP) Hitlers mit 37, 4 Prozent ihren historischen Höchststand erreichte und zur stärksten Partei im Reichtag wurde. Bei den bereits am 6. November 1932 stattfindenden, letzten freien Wahlen erlitt die NSDAP eine Schlappe und sackte auf 33, 1 Prozent ab. Die achten Reichstagswahlen am 5. März 1933 – also noch Hitlers Machtergreifung Ende Januar 1933, waren nicht mehr frei bzw. können nicht mehr demokratisch genannt werden.

[19] Vgl. dazu die kleine Abhandlung von M. Scheuer, Treu ist das Wort. Zur Theologie des Ordo bei Karl Rahner, in: *Zeitschrift für katholische Theologie* 126 (2004), S. 17–21.

zurückblicken. Aus Anlass des Ordensjubiläums hielt er bei einer Eucharistiefeier im Innsbrucker Jesuitenkolleg am 27. April 1982 eine kurze Predigt. Dabei sagte er: „Was ist in diesen Jahren alles geschehen an Kriegen und Umwälzungen, an Verfolgung der, Kirche und unseres Ordens, an geistigen Umbrüchen, an Wandlungen des Ordenslebensstiles und an persönlicher Geschichte mit deren Wandlungen und Gefahren, an Erfolg und Mißerfolg, an Freudigem und Enttäuschendem. Und in allem sind wir Jesuiten geblieben. Gott sei Dank!"[20]

Papst Benedikt XVI. wünscht sich, daß das *Jahr der Priester* und die damit verbundenen geistlichen wie pastoralen Initiativen „die Bedeutung der Rolle und der Sendung des Priesters in der Kirche und in der zeitgenössischen Gesell-

---

[20] Zit. nach Rahner-Worte und -Geschichten, in: K. Rahner, Sämtliche Werke. Bd. 25: Erneuerung des Ordenslebens. Zeugnis für Kirche und Welt. Bearbeitet von A. R. Batlogg. Freiburg 2008, S. 42–43, hier 42.

schaft immer deutlicher wahrnehmbar werden"[21] lassen. Vielleicht kann auch dieser kleine Text Karl Rahners dazu einen Beitrag leisten.

Andreas R. Batlogg SJ / Albert Raffelt

---

[21] Zit. nach L'Osservatore Romano, dt. Wochenausgabe, Nr. 15/16 vom 10. 4. 2009, S. 15.

Karl Rahner – Sämtliche Werke

herausgegeben von der Karl-Rahner-Stiftung
unter Leitung von
Karl Kardinal Lehmann, Johann Baptist Metz,
Albert Raffelt, Herbert Vorgrimler, Andreas R. Batlogg

Karl Rahner (1904–1984) bewirkte als katholischer Dog-
matiker mit seinem umfangreichen Werk und seinem
Engagement vor, während und nach dem II. Vatikanischen Konzil eine weitgehende Umorientierung des
katholischen Denkens in der zweiten Hälfte des 20. Jahr-
hunderts. Mit philosophischer Gründlichkeit, wissen-
schaftlicher Stringenz und getragen von persönlicher
Frömmigkeit, die sich auch im Werk dokumentiert, wag-
te er das freimütige, nur dem eigenen Gewissen ver-
pflichtete theologische Wort. Er bewies damit ein „sentire cum ecclesia", das nicht nur das Mitdenken für die
Zukunft der Kirche suchte, sondern ein existentielles
Mitfühlen und Mitleiden wurde.
Sein Werk regt nach wie vor die kirchliche und theologische Diskussion an. Es setzt sich aus einer Fülle sehr un-
terschiedlicher Beiträge zusammen, die eine wirkliche
Gesamtübersicht bislang kaum ermöglichten. Die vorliegende Gesamtausgabe macht das Werk erstmals in ein-
heitlicher Form zugänglich. Das erleichtert nicht nur
den Rückgriff auf Rahners Denken, sondern erlaubt
zum ersten Mal eine zutreffende Einordnung der einzelnen Aussagen. Eine ganze Reihe von Texten Karl Rahners kursieren ferner bislang in recht unterschiedlichen
Versionen. Das hat Irritationen hervorgerufen, denen

die Gesamtausgabe durch eine verlässliche Textfassung abhilft.

Alle Texte in einer sorgfältigen Gesamtausgabe; die Einzelbände jeweils mit Editionsbericht, Quellennachweis und Register.

Der Editionsplan:

I Grundlegungen (1922–1949 / Bände 1–8)

1) Fundamente im Orden
2) Geist in Welt *(lieferbar)*
3) Spiritualität und Theologie der Kirchenväter *(lieferbar)*
4) Hörer des Wortes *(lieferbar)*
5) Gnadenlehre
6/1 und 6/2) De paenitentia *(lieferbar)*
7) Geistliche Schriften
8) Der Mensch in der Schöpfung *(lieferbar)*

II Aufbau (1949–1964 / Bände 9–17)

9) Maria, Mutter des Herrn *(lieferbar)*
10) Kirche in den Herausforderungen der Zeit *(lieferbar)*
11) Mensch und Sünde *(lieferbar)*
12) Menschsein und Menschwerdung Gottes *(lieferbar)*
13) Ignatianischer Geist *(lieferbar)*
14) Christliches Leben *(lieferbar)*
15) Verantwortung der Theologie *(lieferbar)*

16) Kirchliche Erneuerung *(lieferbar)*
17/1 und 17/2) Enzyklopädische Theologie *(lieferbar)*

III Entfaltung (1964–1976 / Bände 18–26)

18) Leiblichkeit der Gnade *(lieferbar)*
19) Selbstvollzug der Kirche *(lieferbar)*
20) Priesterliche Existenz
21) Zweites Vatikanisches Konzil
22/1 und 22/2) Dogmatik nach dem Konzil *(lieferbar)*
23) Glaube im Alltag *(lieferbar)*
24) Das Konzil in der Ortskirche
25) Erneuerung des Ordenslebens *(lieferbar)*
26) Grundkurs des Glaubens *(lieferbar)*

IV Sammlung (1977–1984 / Bände 27–32)

27) Einheit in Vielfalt *(lieferbar)*
28) Christentum in Gesellschaft
29) Geistliche Schriften *(lieferbar)*
30) Anstöße systematischer Theologie
31) Im Gespräch über Kirche und Gesellschaft *(lieferbar)*
32) Register, Bibliographie, Nachträge

Erhältlich in jeder Buchhandlung!

HERDER

Weitere Ausgaben von Karl Rahner-Texten

Karl Rahner

Gotteserfahrung heute

Mit einem Vorwort von Karl Kardinal Lehmann
hrsg. v. Andreas R. Batlogg u. Albert Raffelt
ISBN 978-3-451-30131-5

Die Frage nach Gott, ob und wie er erfahren werden kann, beschäftigt Menschen quer durch alle Zeiten, treibt sie um. quält sie bisweilen. Manche scheinen daran zu zerbrechen. Karl Rahner wusste darum. Er versucht Antwort zu geben, appelliert an Erfahrungen, die jedem wachen und interessierten Menschen zugänglich sind. Man spürt: Hier redet einer nicht theoretisch daher, hier spricht einer, der etwas erfahren hat und dies zugänglich machen möchte.

Karl Rahner

Worte gläubiger Erfahrung

Mit einem Lebensbild von Christian Feldmann
hrsg. v. Alice Scherer und Robert Scherer
Neuausgabe
ISBN 978-3-451-32194-8

Worte aus dem reichen Lebenswerk von Karl Rahner – geprägt von tiefer geistlicher Erfahrung und zugleich von ehrlicher Nüchternheit.

Karl Rahner
Grundkurs des Glaubens
Einführung in den Begriff des Christentums
ISBN 978-3-451-28822-7

Jetzt in neuer Ausstattung: Die epochale Einführung in den christlichen Glauben. Der große Konzilstheologe legte mit seinem „Grundkurs" die Summe seiner Theologie vor, die seither Generationen von Theologie-Studierenden inspiriert. „In diesem Buch liegt Sprengstoff für manche theologischen Verkrustungen, Zündstoff für Kettenreaktionen neuen Denkens in der Kirche." (FAZ)

Karl Rahner
Beten mit Karl Rahner
Gebete des Lebens /
Von der Not und dem Segen des Gebetes
Zwei Bände in Kassette
ISBN 978-3-451-28385-7

Von der Not und dem Segen des Gebetes: Meditationen über das Beten, entstanden unter dem Eindruck der Nachkriegszeit. Rahner öffnet Herz und Sprache in einer Weise, die das Werk bis heute zu einem Grundbuch christlichen Betens macht.
Gebete des Lebens: Gebetstexte Karl Rahners aus allen Phasen seines Lebens. Sie sind Modelle eines existentiellen christlichen Betens und ein starker Kontrapunkt in einer Zeit der „Wohlfühl"-Religion.

Karl Rahner / Andreas Felger

Von der Gnade des Alltags

Meditationen in Wort und Bild

Mit sieben Abbildungen, durchgehend vierfarbig
ISBN 978-3-451-28848-7

In seinen sieben Meditationen „Alltägliche Dinge" er-schließt Karl Rahner den geistlichen Sinn ganz gewöhn-lichter Tätigkeiten. All die scheinbar so profanen Dinge können zum Ort werden, an dem sich das Geheimnis der Gnade zeigt. Die Illustrationen von Andreas Felger grei-fen den Impuls Karl Rahners auf: Ihre Bildsprache setzt bei vertrauten Formen an und führt zu einer neuen Sicht und Konzentration auf das Wesentliche.

Erhältlich in jeder Buchhandlung!

HERDER